# EL DIOS Y EL EVANGELIO
## DE JUSTICIA

# EL DIOS Y EL EVANGELIO DE JUSTICIA

David Pawson

Anchor Recordings

Copyright © 2008, 2011, 2021 David Pawson Ministry CIO

Originalmente publicado en inglés con el título:
The God and the Gospel of Righteousness

El derecho de David Pawson a ser identificado
como el autor de esta obra ha
sido afirmado por él de acuerdo con la
Ley de Copyright, Diseños y Patentes de 1988.

Traducido por Alejandro Field

Esta traducción internacional en español se publica
por primera vez en Gran Bretaña en 2021 por
Anchor, que es el nombre comercial de David Pawson Publishing Ltd
Synegis House, 21 Crockhamwell Road,
Woodley, Reading RG5 3LE

Ninguna parte de esta publicación podrá ser reproducida o
transmitida de ninguna forma o por ningún medio, electrónico
o mecánico, incluyendo fotocopia, grabación o ningún sistema
de almacenamiento o recuperación de información,
sin el permiso previo por escrito del editor.

Las citas bíblicas son tomadas de La Santa Biblia,
Nueva Versión Internacional®.NVI® Propiedad literaria
© 1999 por Biblica, Inc. Usado con permiso.

**Si desea más de las enseñanzas de David Pawson,
incluyendo DVD y CD, vaya a
www.davidpawson.com**

**PARA DESCARGAS GRATUITAS**
www.davidpawson.org

**Si desea más información, envíe un e-mail a
info@davidpawsonministry.org**

ISBN 978-1-913472-37-5

Impreso por Ingram

# *Índice*

Prólogo                                        9

El Dios de justicia               11

El evangelio de justicia        31

Este libro está basado en una serie de charlas. Al tener su origen en la palabra hablada, muchos lectores encontrarán que su estilo es algo diferente de mi estilo habitual de escritura. Se espera que esto no afecte la sustancia de la enseñanza bíblica que se encuentra aquí.

Como siempre, pido al lector que compare todo lo que digo o escribo con lo que está escrito en la Biblia y, si encuentra en cualquier punto un conflicto, que siempre confíe en la clara enseñanza de las escrituras.

*David Pawson*

# Prólogo

Jesús contó una historia impactante:

*"El reino de los cielos es como un rey que preparó un banquete de bodas para su hijo. Mandó a sus siervos que llamaran a los invitados, pero estos se negaron a asistir al banquete.*

*Luego mandó a otros siervos y les ordenó: 'Digan a los invitados que ya he preparado mi comida: Ya han matado mis bueyes y mis reses cebadas, y todo está listo. Vengan al banquete de bodas'.*

*Pero ellos no hicieron caso y se fueron: uno a su campo, otro a su negocio. Los demás agarraron a los siervos, los maltrataron y los mataron. El rey se enfureció. Mandó su ejército a destruir a los asesinos y a incendiar su ciudad.*

*Luego dijo a sus siervos: 'El banquete de bodas está preparado, pero los que invité no merecían venir. Vayan al cruce de los caminos e inviten al banquete a todos los que encuentren'. Así que los siervos salieron a los caminos y reunieron a todos los que pudieron encontrar, buenos y malos, y se llenó de invitados el salón de bodas.*

*Cuando el rey entró a ver a los invitados, notó que allí había un hombre que no estaba vestido con el traje de boda. 'Amigo, ¿cómo entraste aquí sin el traje de boda?', le dijo. El hombre se quedó callado.*

*Entonces el rey dijo a los sirvientes: 'Átenlo de pies*

*y manos, y échenlo afuera, a la oscuridad, donde habrá llanto y rechinar de dientes'.*

*Porque muchos son los invitados, pero pocos los escogidos".*

*Mateo 22:1-14*

Estoy seguro de que se dará cuenta que el rey de la parábola representa a Dios, el hijo es su Hijo Jesús y la fiesta de las bodas es la cena de bodas del Cordero. Lo primero que nos impacta es que el rey mata a los que rehusaron ir y quema su ciudad. Pero el impacto mayor es que, como la invitación a la boda representa predicar el evangelio e invitar a las personas a asistir, alguien que aceptó la invitación y asistió a la boda terminó en el infierno. Palabras como "oscuridad" y "llanto" y "rechinar de dientes" es terminología del infierno. Supongo que usted ha aceptado la invitación del evangelio, pero esta parábola nos indica que cualesquiera de nosotros podríamos terminar en el infierno si no nos preocupamos por cambiar. ¡Vaya mensaje! Esto es solo la introducción, pero tenga en cuenta esa historia.

## El Dios de justicia

Un sondeo público indicó que el 74% de los británicos cree en Dios. Esa estadística no tiene validez ya que se hizo la pregunta equivocada. La primera pregunta debería haber sido: "¿En qué dios cree usted?", porque en Gran Bretaña existen actualmente 30 millones de dioses en los cuales creen los hindúes. Luego tenemos a los budistas, que no creen en ningún dios, y los musulmanes que creen en un Dios llamado Alá. Así que se debió haber preguntado: "¿En *qué* dios cree usted?". Pero aun si el 74% hubiera dicho: "El dios cristiano, el dios de la iglesia," se hubiera tenido que hacer otra pregunta muy importante: "¿En qué *clase* de dios cree usted?". Ésta es la pregunta crucial, cuya respuesta afecta profundamente nuestras vidas.

Durante mi ministerio, hubo una época cuando serví como capellán para la Real Fuerza Aérea (RAF). Cada puesto de la RAF tenía tres capellanes. Uno era de la Iglesia Anglicana (IA), otro de la Iglesia Católica (IC) y yo atendía a las otras denominaciones (OD). Éramos los bichos raros.

Cuando llegaba una nueva partida de hombres, el capellán de la IA elegía primero. Decía: "Todos los que han sido bautizados en la IA, vengan conmigo", y por lo general salían con él tres cuartos de la sala. Luego salía el grupo de la IC. Y a mí me tocaba el resto: metodistas, bautistas, Ejército de Salvación, presbiterianos, congregacionalistas, budistas, hindúes, musulmanes, agnósticos y los ateos. Así que era el capellán de los ateos ¡y a mí me encantaba ese trabajo! Si llegaba un ateo, yo solía decir: "Siéntate aquí. Quiero hablar contigo. Quiero felicitarte en primer lugar por tu fe. Tienes una fe superior a la mía. Tú crees que todo esto llegó por accidente, por sí solo, lo que requiere de una fe enorme. Yo no tengo una fe tan grande. Necesito creer que fue puesto allí por alguien, lo que es mucho más fácil de creer". Luego decía: "Si murieras bajo mi cuidado" (lo que pasaba a menudo, ya que en esa época perdíamos a la mitad de los pilotos cada seis meses), "tendré que enterrarte. Te prometo que no mencionaré el nombre de Dios, no oraré, ni tampoco leeré la Biblia, y por cierto no cantaré ningún himno. Diré sencillamente: 'Este hombre está muerto y acabado'". Descubrí algo interesante: no les importa vivir como ateos, pero morir como ateo ¡es toda una apuesta! La tercera cosa que les decía era: "Siéntate ahí, y dime en qué dios no crees". Cuando terminaban, siempre les decía: "Me has convertido en ateo, porque yo tampoco creo en esa clase de dios". Años atrás, alguien me había dicho: "Nunca condenes a un ateo hasta saber cuál es el dios en quien le dijeron que crea". Encontré que era una gran verdad.

¿En qué clase de dios cree *usted*? Aun si es un cristiano practicante, probablemente dentro de su congregación creen en muchas clases de Dios, así que es vital descubrir en qué clase de Dios cree *usted*, ya que tarde o temprano tendrá que hablar a los demás acerca de Dios, y ¿de qué Dios les va a hablar? Esta es la pregunta clave. ¿Es amoroso o cruel? ¿Es bueno o malo? ¿Se preocupa de nosotros o es indiferente? A estas preguntas las personas quieren respuestas. ¿Qué *clase* de Dios es Dios. En los últimos cien años la iglesia se ha habituado a decir a la gente que Dios es un Dios amoroso, y romper ese hábito va a ser muy difícil. Pero tenemos que romperlo, porque deseo mostrarle que **esa no era la forma en que Jesús o los apóstoles hablaban acerca de Dios a los no creyentes.**

Ahora debo fundamentar una afirmación tan sorprendente. La idea generalizada es que la buena noticia que tenemos que decir al mundo es "Dios te ama", y he oído a muchos cristianos centrarse en esa afirmación al intentar evangelizar. A menudo se agrega la afirmación "Dios es un padre amoroso", y se cree que ésta es la buena noticia que tenemos que decir al mundo. Surgió solo hace cien años, y lo hemos estado predicando desde entonces, a tal punto que cuando lo he compartido con ciertas personas, algunos han venido a mí con lágrimas diciendo: "No tengo ningún evangelio que predicar ahora. Ha destruido mi evangelio". ¿Qué clase de evangelio era que fue tan fácilmente destruido?

En las últimas décadas hemos visto un giro en este evangelio que dice que Dios es amoroso, y ha ocurrido mediante adjetivos. Vivimos en una edad de adjetivos que se utilizan constantemente para exagerar cosas. La Biblia usa adjetivos muy poco. Usa sustantivos; hechos, no fantasía. Por lo tanto, no encontrará la palabra "fantástico" en la Biblia, si bien la escuchará en todas partes. ¿Le sorprendería saber que no encontrará la expresión "gracia sublime" en la Biblia? El equivalente moderno es extremo: "gracia exorbitante", pero tampoco encontrará "gracia exorbitante" en la Biblia. El adjetivo que apareció hace algunos años para calificar al amor de Dios es "incondicional": el "amor incondicional" de Dios. ¿Encontró esa palabra, "incondicional", en la Biblia? Se ha vuelto tan popular que predicadores y evangelistas la utilizan en todas partes, pero la Biblia nunca habla así acerca del amor de Dios.

¿Qué significa esa frase, "amor incondicional", para el no creyente? Se le está diciendo que Dios no nos juzga, y nunca nos juzgará. Tenemos que enfrentar el hecho de que un "Dios" de "amor incondicional" nunca enviaría a alguien al infierno. Sin embargo, el mismo Jesús dijo que Dios lo haría.

Tenemos aquí un problema. Cuando empezamos a hablar a la gente acerca del amor de Dios, van a objetar inmediatamente. La objeción comenzará así: "¿Cómo es posible que un Dios amoroso…?" y esa frase terminará en una de dos formas. La primera es señalar el sufrimiento que hay en el mundo y decir: "¿Cómo puede un Dios amoroso permitir todo el sufrimiento que existe en el mundo, desde los tsunamis y los terremotos al cáncer y al SIDA? ¿Cómo puede un Dios amoroso permitir que haya tanto dolor en esta vida?". Esa es la objeción inmediata que obtendremos cuando decimos a un no creyente que Dios es amoroso. Es una objeción evidente, porque significa una de dos cosas: Dios es incapaz de detener el sufrimiento o no desea hacerlo, pero podría hacerlo. Eso inicia una crítica de Dios, una crítica acerca de la manera en que gobierna al mundo. Implica lo siguiente: "Si yo fuera Dios, podría hacer un mejor trabajo que él, porque no permitiría que pasara".

La segunda objeción tiene que ver con el sufrimiento en el mundo venidero. ¿Cómo puede un Dios amoroso mandar a alguien al infierno? Escribí un libro sobre el infierno, *The Road to Hell* (El camino al infierno), que fue muy difícil de escribir. De hecho, el manuscrito se perdió en un aeropuerto italiano, el único manuscrito que había escrito a mano, como es mi costumbre. Dije: "Señor, ¡qué maravillosa oportunidad para descubrir si realmente quieres que este libro se publique, porque se perdió, desapareció, fue robado! Si no quieres que se publique, no traigas ese manuscrito de vuelta, pero si lo haces, tú sabes qué hacer". La mañana siguiente, a 160 kilómetros del aeropuerto, se me acercó un señor en el medio de la calle y me devolvió mi maletín junto con el manuscrito. Fue así que llegó a publicarse. Fue publicitado en una revista nacional así: "¡Lea la autobiografía de David Pawson, *El camino al infierno*!".

Después de escribir ese libro (debido a una carga profunda que tenía porque los predicadores ya no predicaban sobre el infierno, que parecía indicar que ya no lo tomaban en serio), la BBC me invitó a sus programas varias veces. Al parecer, cuesta encontrar a un predicador que aún crea en el infierno, y era entrevistado repetidamente por los medios. La primera pregunta siempre era la misma, y se volvió algo aburrida: "¿Cómo puede un Dios amoroso enviar a alguien al infierno?". Solía responder a esa pregunta con otra pregunta, una táctica que aprendí de Jesús. Mi pregunta era: "¿De dónde sacó la idea que Dios es amoroso?".

Eso desconcertaba por completo al presentador. La entrevista por lo general seguía con el entrevistador diciendo atropelladamente: "¿No es lo que creen los cristianos?".

"La verdad es que sí".

¿"Y no enseñaba eso Jesús?".

"La realidad es que sí, pero todo lo que aprendí acerca del infierno lo aprendí de Jesús. Nadie más en la Biblia habla de eso. Ni Pablo, ni Pedro, ni

Juan, ni Isaías, ni Jeremías. Solo Jesús se atrevió a señalarnos cómo es el infierno y, dicho sea de paso, todas sus advertencias salvo dos acerca del infierno fueron dirigidas a creyentes nacidos de nuevo. Las dos excepciones fueron los fariseos".

Al hacer hincapié en el amor de Dios, hemos dado a la gente un entendimiento sentimental más que bíblico de Dios: de alguna manera, *él* está para servirnos a *nosotros*. Nosotros no estamos para servirlo a él; él está para mantenernos sanos, mantenernos seguros y para mantenernos prósperos, o tan prósperos como necesitemos. En una palabra, para mantenernos *felices*. "¡Y, si Dios no me mantiene feliz, seguro y sano, le daré la espalda y dejaré de ir a la iglesia!".

Me he encontrado con miles de personas que dicen: "Él no me sirve a mí, así que ¿por qué preocuparme?". Esto se aplica a la mayoría de nuestros compatriotas. ¿Por qué no están en la iglesia? Si son honestos, le dirán que no creen que Dios les sirva para algo, así que ¿por qué gastar tiempo o dinero en él? Surge de una visión sentimental de Dios. Si Dios no nos cuida, nos quejamos y criticamos. Pero si Dios es así, he terminado con él.

Esto plantea la pregunta: ¿deberíamos estar hablando del amor de Dios al mundo? Mi respuesta a esa pregunta tiene que estar basada en la Biblia. Soy un hombre de las Escrituras y acudo a la palabra de Dios para responder a cada pregunta. Así que quiero señalarle uno o dos hechos, y le ruego que verifique lo que digo con la Biblia por su cuenta. Esa es mi seguridad. No deseo compartir mis opiniones, sino llevarlo a la palabra de Dios.

**El primer hecho, y para muchos un hecho sorprendente, es que existe muy poco acerca del amor de Dios en la Biblia. Las referencias directas**

**al amor de Dios son escasas.** Menos de uno de cada mil versículos menciona el amor de Dios. Sin embargo, si oímos a ciertos predicadores y evangelistas, pensaríamos que toda la Biblia trata solo de eso. Es sorprendente. Estos son algunos hechos: Génesis no tienen una sola mención del amor de Dios; Éxodo, un versículo; Levítico, ninguna mención; Números, ninguna mención; Deuteronomio, un versículo; Josué, ninguna mención; Jueces, ninguna mención; Rut, ninguna mención; 1 y 2 Samuel, ninguna mención; 1 y 2 Reyes, ninguna mención; 1 y 2 Crónicas, ninguna mención. ¿Sabía esto? Si solo oye a personas citar los pocos versículos sobre amor de Dios, pensaría que toda la Biblia trata de eso, pero no es así. Hay uno o dos Salmos; no hay nada en Proverbios, Cantar de los Cantares, ni una sola palabra; Eclesiastés, tampoco. Vamos los profetas: hay un versículo en Isaías, uno en Jeremías, uno en Ezequiel; nada en Daniel; en Oseas unos pocos versículos; Amós, nada; y así a lo largo de todos los profetas menores, ni una sola palabra.

"Ah", dice la gente, "pero somos cristianos del Nuevo Testamento, vivimos en el Nuevo Testamento y el Nuevo Testamento está LLENO del amor de Dios". No, ¡no lo está! En Mateo no hay una sola palabra, tampoco en Marcos, ni tampoco en Lucas. Hay algunos versículos en Juan y, más significativamente, no hay una sola mención en Hechos, y Hechos nos muestra cómo evangelizaba la iglesia primitiva: lo que predicaban, cómo fueron y difundieron el evangelio. Pensaríamos que el libro estaría lleno de referencias al amor de Dios, pero no hay una sola mención. ¿Por qué no lo predicaban? Sin embargo, es lo que salimos a predicar ahora, ¡y creemos que estamos repitiendo lo que hacían ellos! El libro de Hechos plantea la pregunta de manera muy marcada para mí: ¿qué decían de Dios si no mencionaban su amor? ¿Y cómo se extendió la iglesia por todos lados y creció? En cambio, las iglesias en este país están muriendo, en su mayoría. Enfrentemos los hechos. Se informa que la Iglesia Anglicana pierde mil personas cada semana; la gente vota con los pies. Los metodistas cierran dos capillas por semana, y nos informan que los musulmanes están abriendo dos mezquitas por semana. ¡Despertémonos y démonos cuenta de lo que está pasando! No debemos vivir de ilusiones. ¿Cómo lo hacían en Hechos? ¿Cómo lo hacían los apóstoles sin nunca mencionar el amor de Dios? ¿Podría usted salir y evangelizar sin mencionar jamás al amor de Dios? Es un hábito tan arraigado que muchos cristianos dicen que sencillamente no lo podrían hacer. Esa es la primera gran sorpresa, lo poco que hay sobre el amor de Dios en la Biblia: un versículo cada mil.

El segundo hecho es aún más sorprendente. Nuevamente, lo invito a verificar lo que digo en la Biblia y repito, no crea nada de lo que escribo sin abrir la Biblia. **Cada referencia del amor de Dios que encontramos en la Biblia está dirigida a Dios en alabanza o a creyentes en comunión. Ni un solo versículo acerca del amor de Dios está dirigido a no creyentes.**

¡Verifíquelo! Pongo el amor de Dios en la categoría de "perlas". Jesús dijo: "No den lo sagrado a los perros, no sea que se vuelvan contra ustedes y los despedacen; ni echen sus perlas a los cerdos, no sea que las pisoteen". Apenas uno dice: "Dios es amor", dicen: "¿Cómo puede un Dios amoroso permitir el sufrimiento en este mundo o en el venidero? Surge una objeción inmediata, y se vuelven y nos atacan.

Preguntemos ahora acerca un versículo muy conocido. Tengo un libro con el título *The Gospel in Many Tongues* (El evangelio en muchos idiomas). ¡Tiene 847 idiomas! Se refiere al versículo Juan 3:16. ¿Qué decir de Juan 3:16? En mi libro *Is John 3:16 the Gospel?* (¿Es Juan 3:16 el evangelio?) expliqué que Juan 3:16 es el versículo peor traducido, interpretado, entendido y aplicado de todo el Nuevo Testamento. Cuando se lo estudia cuidadosamente, uno se da cuenta de que no significa lo que pensábamos. Debo mencionar solo algunos de los puntos claves que he examinado con más detalle en otros lugares. Nunca fue la intención de este versículo ser el evangelio, pero lo hemos convertido en el evangelio, y lo citamos más que cualquier otro versículo. Sobre todo, lo citamos fuera de contexto, y cuando tratamos un versículo de esa manera, invariablemente obtenemos el significado erróneo. Estoy seguro de que me podrá decir lo que dice Juan 3:16 sin mirar la Biblia, ¿pero me podría decir lo que dice Juan 3:17? ¿Me podría decir lo que dice Juan 3:15? La mayoría no lo puede hacer. ¿Ve a lo que me refiero? Si toma un versículo fuera de contexto, no lo entenderá. Pertenece ahí, y los versículos que lo rodean explican lo que significa.

Comencemos con la palabra "amó". ¿Notó que está en tiempo pretérito, no presente? No dice: "Dios ama al mundo" sino que amó, que es un verbo en tiempo pasado. Si encuentra alguien que sabe griego, se lo puede confirmar. La palabra "amó" en Juan 3:16 está en el tiempo verbal griego que significa hacer algo una vez, y **solo una vez**. Por lo tanto, la palabra "amó" en Juan 3:16 significa que Dios, en una ocasión, amó al mundo. Es algo sorprendente. Y en esa única ocasión dio —es el mismo tiempo verbal— a su Hijo unigénito. Así que Dios amó al mundo una vez y una vez dio a su Hijo único. Pero la verdadera clave para ese versículo es la frase "de tal manera". Nosotros lo leemos así: "Dios amó taaaaanto al mundo", pero en realidad no significa 'tanto' o 'tan profundamente' o ninguno de los significados que le damos. La palabra griega *houtos* significa 'así, de esa manera'. Así que sería: porque de esa manera Dios amó una vez al mundo y una vez dio a su Hijo único.

¿De qué manera? El versículo 16 no nos dice, pero los versículos 15 y 14 sí nos dicen todo al respecto. Porque de esa manera, porque así, porque tal como eso, Dios amó al mundo. Volvamos al versículo anterior. ¿Qué pasa en el versículo anterior? Se refiere a Números 21, cuando Dios mató a cientos, aun miles de su propio pueblo, los israelitas, por quejarse acerca de la comida que él había provisto. ¡Imagínese eso justo antes de un versículo sobre Dios que ama al mundo! Extraordinario, ¿verdad?

Usted debe conocer la historia. Dios dio de comer a los hijos de Israel con la misma comida cada día por cuarenta años. Se podía recoger en el desierto. La tenían que cocinar, pero los mantuvo vivos. Tenía todos los minerales, todas las vitaminas, todos los carbohidratos y las proteínas necesarias para sobrevivir cuarenta años. La llamaron "maná", que en hebreo significa '¿qué es?'. Los niños decían a sus padres: "¡Otra vez 'qué es'!". La gente comenzó a quejarse y a murmurar. La comida en Egipto, aun siendo esclavos, era mejor que esto. "Teníamos puerro y ajo, especies y curry, y ahora estamos comiendo 'qué es' todos los días". Se quejaron, así que Dios —el mismo Dios que amó al mundo en el versículo 16— en el versículo 14 les envió serpientes.

Las serpientes los mordieron y murieron envenenados. Dios hizo esto para castigarlos.

Murieron tantos que rogaron a Moisés que fuera a orar a Dios por ellos. Se dieron cuenta de que habían pecado y que nunca tendrían que haberse quejado de la comida. Querían que Moisés dijera a Dios que lo lamentaban y que le pidiera que quitara las serpientes. Fue lo que hizo Moisés. Se presentó a Dios y le dijo que el pueblo lo lamentaba mucho. Se dieron cuenta que no era una coincidencia que hubiera enviado las serpientes.

Dios les dijo que no iba a quitar las serpientes, sino que les daría una cura para la mordedura de serpiente. Debían poner una serpiente de bronce en un palo en el monte más cercano, y si un israelita era mordido por una serpiente, solo tenía que ir a ese palo y mirar la serpiente, una serpiente de bronce colgada de un palo y, si miraba, sería curado. No iba a quitar el peligro de muerte —lo merecían y quedaría— pero les estaba ofreciendo una cura.

Jesús dijo: "Como levantó Moisés la serpiente en el desierto, así también [aquí tenemos la misma palabra, de la misma manera] tiene que ser levantado el Hijo del hombre". Luego sigue inmediatamente: "Porque así, porque de la misma manera, Dios dio a su Hijo unigénito".

Es que toda la raza humana está bajo amenaza de muerte por la forma en que hemos tratado a Dios. Y Dios no ha quitado esa amenaza; nos ha dado un antídoto, y el antídoto es Jesús en la cruz. ¿Lo entiende? Ese es el contexto de Juan 3:16: un Dios que mata personas por quejarse acerca de la comida que les ha dado, el mismo Dios, el mismo amor que provee un antídoto.

Regresemos a la palabra "amor". Estoy seguro de que ha escuchado predicar sobre esto. El idioma griego es mucho más rico que el inglés. Nosotros usamos la palabra "amor" para muchas cosas. Contamos con una sola palabra, "amor", que usamos para todos los diferentes tipos de amor, para los cuales los griegos tenían por lo menos cuatro palabras. El amor de adicción, lo que normalmente llamamos "lujuria". El amor de atracción, principalmente la atracción sexual entre un hombre y una mujer, tenía otra palabra: *eros*. El amor de amistad, el amor de afecto, tenía otra palabra: *filio* (Philadelphia significa amor fraternal). Pero ninguna de estas palabras era usada con respecto a Dios. Tuvieron que encontrar una nueva palabra, *agape*, una palabra casi desconocida en el idioma griego. (Por cierto, la estatua famosa en Picadilly Circus, no es *eros*, sino *agape*, y es un memorial al Lord Shaftesbury, Anthony Ashley Cooper, por el trabajo que realizó en sacar a niños en las minas de carbón y limitar las horas de trabajo en las fábricas. Fue erigido como una estatua del ángel de misericordia. No tiene nada que ver con Cupido. ¡No crea esa tontería! Hay mucho *eros* alrededor de Picadilly Circus, pero esa estatua no es *eros*, sino *agape*.)

*Agape* es siempre una palabra activa. Uno no la siente, sino la hace. Aquí radica la diferencia entre *agape* e incluso el más alto nivel del amor humano: uno lo hace a personas que no le gustan, a personas que son sus enemigos, a personas que lo odian. Es relativamente fácil "hacer" amor a personas que nos gustan o que gustan de nosotros. "Nadie tiene amor más grande que el dar la vida por sus amigos". Ese es el amor más elevado entre seres humanos, y el amor de Dios va mucho más allá: mientras éramos enemigos, Cristo murió por nosotros. Eso es *agape*. Cuando un hombre preguntó: "¿Cómo *agapeo* a mi prójimo?", Jesús contó la parábola del Buen Samaritano. El secreto de esa parábola es que los samaritanos y los judíos se odiaban. Nunca podremos entender por qué el héroe es el samaritano sin saber esto. El judío bajaba por el camino a Jericó para desviarse uno 110 kilómetros para llegar a Galilea, para evitar encontrarse con algún samaritano. Ahora descubrimos el significado de la historia. Cuando el samaritano vio al judío, su enemigo de un grupo étnico aborrecido, desamparado y necesitado, fue el único que se acercó e hizo algo por él. Eso es *agape*. Extiende su mano hacia el que no tiene atractivo, el ingrato, el odioso, el horrible. Cuando los hombres están indefensos, y muy necesitados, *agape* es una reacción a esa situación que se transforma en acción. Esta es la clase de amor que tiene Dios, y por eso cualquier mención de su amor está ligada a la cruz. Dios demuestra su amor por nosotros en esto: en que cuando todavía éramos pecadores, Cristo murió por nosotros. Si solo decimos a los no creyentes "Dios te ama", supondrán inmediatamente que deben ser atractivos, adorables y agradables para Dios. No se darán cuenta de que es precisamente porque no son atractivos, porque odia cómo viven y lo que hacen, que es tan maravilloso que haya enviado a su Hijo a morir por ellos. Y quizás es por esta razón que el amor en la Biblia se dirige solamente a los redimidos. Son los únicos que lo pueden apreciar. Son los únicos que comprenden cuánto Dios odiaba lo que hacían y lo que eran, y luego saben que él los ha perdonado. Es que el amor y el perdón van juntos. Una mujer vino a Jesús y dijeron: "¿No sabe qué clase de mujer es? Es una mujer de la calle". Jesús dijo: "Ella me ama tanto porque ha sido perdonada mucho".

Solo los que han sido perdonados entienden cómo es el amor de Dios. Por esa razón estoy convencido de que es necesario mantener esa "perla" lejos de los que la malentenderán, llegarán a conclusiones equivocadas y crearán un concepto erróneo acerca de Dios.

Yo considero que este concepto de Dios como amor, y solo amor, está apartando a la gente de la iglesia, en realidad. Un Comité de Investigación Ecuménica, formado por diferentes denominaciones, hizo un informe. Entrevistaron a 14.000 personas e hicieron la pregunta: "¿Por qué ha dejado de asistir a la iglesia? ¿Por qué no asiste con regularidad a la iglesia?". El informe se titulaba: "Encuesta sobre la iglesia – ayude a que crezca su iglesia". Pero en realidad el anuncio decía lo siguiente: "¿Por qué están vacías tantas iglesias? Descubra la respuesta". Descubrieron que todas las respuestas dadas por gente común y corriente de la calle (solo había cinco respuestas en todo el informe) fueron sorprendentes, ya que la razón principal que dieron es que se hablaba demasiado del amor, que se les había dicho que Dios los amaba de todas formas, que Dios nos ama tal como somos, que el amor de Dios es incondicional. Lejos de producir respeto a Dios, lejos de producir el temor del Señor que es el principio de la sabiduría, tenía el efecto completamente contrario: un Dios que pierde respeto.

Muchas de las personas que habían votado con los pies decían: "¿Por qué no escuchamos más sobre la santidad de Dios y la justicia de Dios?". Me asombró mucho oír cosas como estas dichas por personas que habían dejado la iglesia, pero estaban diciendo que todas estas palabras romanticonas han reducido nuestra adoración incluso a una relación de "compinche". Un señor me dijo: "En nuestra iglesia alabamos a Dios Todocompañero". Pensé: "¡Has dado en el clavo!".

¿Dónde está ese temor, sobrecogimiento y reverencia, esa consciencia de que adoramos a un Dios que es un fuego devorador? He estado solo dos veces cerca de un fuego devorador. Una vez fue cuando estuve en Australia en un incendio forestal. Estábamos huyendo del fuego en auto a través del humo. Las llamas estaban avanzando a unos cien kilómetros por hora debido a que los eucaliptos contienen aceite inflamable ¡y había que ir por caminos de campo a más de 120 kilómetros por hora para poder escapar del fuego devorador! Tenía sensaciones extrañas en la boca del estómago y pensé, "¿Por qué nunca tengo esas sensaciones en la iglesia?". El Nuevo Testamento dice: "Adoremos a Dios como a él le agrada, con temor reverente, porque nuestro Dios es fuego consumidor".

La otra ocasión fue cuando estaba volando de regreso de Sicilia. El piloto dijo: "Les voy a dar una linda sorpresa. El monte Etna está en erupción, ¡y volaré por encima para que puedan verlo!". Estaba en el costado izquierdo del avión, a babor, y voló literalmente por encima del volcán. Podíamos ver la lava hirviente abajo y la lava que destruía las casas en la ladera del monte. El piloto volcó el avión hacia un lado y dio un giro apretado de tal manera que podíamos mirar directamente abajo. Como sabía algo sobre el flujo de aire sobre un volcán oré para que avanzara rápido y, finalmente, para mi alivio, enderezó el avión y voló hacia Heathrow. ¿Por qué nunca me siento así en la iglesia? La Biblia dice que así debemos sentirnos en la presencia de Dios Todopoderoso, pero no es así siempre hoy, ¿verdad?

Ahora podemos comenzar a ver lo difícil que resulta hablar del amor de Dios en un mundo incrédulo. Ese informe ecuménico citaba algunas cosas que dijeron las personas. Una cita era "Dios te ama, no importa lo que hagas". Eso es pura mentira. Mi Biblia no habla de amor incondicional, sino cosas como: Dios ama a los que lo temen, Dios ama a los que guardan sus mandamientos. No me suena a "incondicional". Algunos han intentado decir que el contraste real es entre en Dios es entre el Dios del Antiguo Testamento y el Dios del Nuevo. ¿Ha oído eso? Se retrotrae a un hombre llamado Marción que vivió en el quinto siglo. La herejía se llama marcionismo, por él. Es la herejía de que el Dios del Antiguo Testamento es severo, cruel, poco amable, y el Dios del Nuevo Testamento es amoroso, compasivo y amable. Es una impresión muy común entre los que no conocen bien la Biblia y, lamentablemente, hay comunicadores evangélicos en los medios de comunicación que han reavivado esta herejía y han criticado al "Dios del Antiguo Testamento". ¿Cómo puede uno decir que "el amor de Dios" maldice a la gente? Es absurdo. ¿Cómo puede uno decir que "el amor de Dios" mata personas? Es absurdo. No es amor lo que une las dos facetas de su carácter, sino algo diferente, y quisiera explorarlo ahora. **Es su pura bondad. Así que, ¿no deberíamos en realidad estar hablando al mundo de la bondad de Dios?**

Me pidieron tomar una serie de reuniones evangelistas en el ayuntamiento de Gloucestershire y en una universidad en Nueva Zelanda. Me preguntaron: "¿Podría darnos un título para sus charlas?".

Dije dos palabras simplemente, "Dios bueno" (Good God) y agregué: "Eso resume todo que creo acerca de Dios". Luego descubrí con horror que en ambos sitios habían puesto carteles enormes con fotos terribles de mí, haciéndome lucir como un monstruo, como Drácula, y arriba habían puesto la frase "GOOD GOD!" (¡POR DIOS!). ¡Debo decirle que los lugares estuvieron repletos las primeras noches! "¡Good God!" es un par de palabras que muchos usan como una palabrota cuando se golpean un dedo con un martillo o cuando están sorprendidos. La gente no sabe lo que está diciendo. Dios es bueno. Esa es la palabra que viene de Génesis capítulo 1. Todo lo que hizo fue bueno, porque él es bueno.

Pero la palabra "bueno" ha sido devaluada y ha perdido su sentido. Como la palabra "amor", será malentendida. Usamos la palabra "bueno" de tantas maneras diferentes. "Comí una buena comida". "¿Tuviste unas buenas vacaciones?". "Esperamos que haya un buen clima mañana". Incluso, hablamos de un perro bueno y utilizamos la misma palabra para Dios. ¡Extraordinario! ¿Qué queremos decir con la palabra "bueno"? Lo hemos relativizado al punto que ya no es una palabra absoluta. Debería significar 'absolutamente perfecto', pero nunca la usamos así. La usamos para alguien o algo que nos da placer o que reduce el dolor. "Es un buen dentista". ¿Significa que es experto o que no causa dolor? Todo lo que nos da placer es llamado "bueno".

Un día vino un hombre a Jesús y le dijo: "Maestro bueno, ¿qué tengo que hacer para heredar la vida eterna?". Jesús le respondió: "¿Por qué me llamas bueno? Hay una sola persona que es buena: Dios".

La palabra "bueno" ha perdido tanto su significado que aun cuando la usamos para Dios estamos siendo descarados. Lo que queremos decir por un Dios bueno es un Dios que es absolutamente perfecto. Ese es el verdadero significado de la palabra.

Así que debemos encontrar otra palabra. ¿Existe en el diccionario una palabra que casi nunca se utiliza en conversación normal pero que podríamos usar para Dios, que comience a transmitir cómo es realmente? Existe, y quiero dársela. La palabra es "justo". **Dios es justo.** Es eso lo que deberíamos estar diciendo al mundo, porque eso es lo que el mundo más necesita oír, aunque no desee oírlo.

Cuando Jesús oraba, nunca decía: "Padre amado". Nosotros lo hacemos, pero él nunca lo hizo. Si leemos la oración de Jesús en Juan 17 vemos que utilizó dos adjetivos: Padre *santo* y más adelante en la oración, Padre *justo*. Eso califica su carácter de Padre de manera muy seria: "Padre justo". Entonces, ¿qué queremos decir con la palabra "justo"? El lado negativo de la justicia es que Dios nunca puede hacer algo malo. Una vez tomé papel y lápiz y escribí arriba de la hoja: "Cosas que Dios Todopoderoso no puede hacer". En cinco minutos había escrito treinta cosas que Dios no puede hacer. Las primeras cosas que escribí fueron: no puede mentir, no puede tener un pensamiento impuro, no puede romper una promesa. Después de escribir treinta cosas, me di cuenta de que yo las había hecho todas, y no me hizo sentir que era más grande que Dios Todopoderoso, sino mucho más pequeño. Hay muchas cosas que Dios no puede hacer. Gracias a Dios que es justo. No tiene favoritos, no puede ser sobornado, no podemos regatear con Dios, no podemos corromperlo de ninguna manera. Su juicio sobre cada uno de nosotros será totalmente justo porque él conoce toda la verdad.

A propósito, por esa razón titulé mi autografía *Not as Bad as the Truth* (No tan malo como la verdad). Unos años atrás, algunas personas malvadas en Gales comenzaron a difundir rumores acerca de mí que eran totalmente falsos y me dolieron. No solamente eso, sino comenzaron a cerrar puertas al ministerio. Cuando las personas escuchaban esas mentiras, me escribían y decían: "Lo sentimos, pero no pudimos hacer arreglos para su visita".

Fui a Dios a quejarme. Le dije: "Dios, es doloroso. Están diciendo mentiras y está cerrando puertas al ministerio".

Entonces me habló el Señor tan claramente como si yo estuviera hablando conmigo mismo en voz alta. Dijo: "David, lo peor que puedan decir sobre ti no es tan malo como la verdad". ¡Estallé de risa aliviado, porque no conocían lo peor! Cuando le conté a mi esposa, se rio a carcajadas, porque ella conoce lo peor. Así llegó a tener su título el libro.

Pero el Señor luego agregó: "Yo conozco lo peor, pero igual te amo y te uso", que es algo que puede decirse de todos los que hacen su obra. Dios es totalmente justo, y no tiene favoritos. Nunca podrá acusar a Dios de injusticia. Ese es el lado negativo. Del lado positivo, todo lo que hace es absolutamente correcto. Abraham discutió con Dios sobre esto. "¿Destruirás Sodoma si hubiera cuarenta personas buenas en ella?"

"No".

"¿Veinte?". Fue bajando, ¡hasta cinco! Y fue Abraham quien dijo a Dios: "Tú, que eres el Juez de toda la tierra, ¿no harás justicia?". El Dios que maneja todo nuestro universo no puede hacer algo mal; siempre hará lo correcto. Cuando era pastor me preguntaban a menudo parejas que habían perdido un bebé: "¿Qué ha pasado con nuestro bebé? ¿Ha ido al cielo? ¿Dónde está?". Yo les decía, "No sé, la Biblia no nos da respuesta a esa pregunta". Pero también decía: "Si conocieran a Dios como lo conozco yo, sabrían que haya lo que haya hecho con su bebé, está absolutamente bien. No tengo todas las respuestas a todas las preguntas. No las tiene la Biblia, pero nos dice que cualquier cosa que haga Dios, con nuestros bebés o con nosotros, estará absolutamente bien". ¡Qué seguridad y consuelo nos da esto: estar en un mundo manejado por quien siempre hace lo correcto.

Podemos, entonces, agregar dos cosas que la Biblia agrega. Primero, que un día Dios castigará toda maldad. Cuando leo acerca de adolescentes que irrumpen en departamentos de jubilados en Londres, violando a ancianas y saliéndose con la suya en cuanto concierne a la policía (la mayoría de los crímenes no son descubiertos), me consuela el hecho de que un Dios tratará a esos jóvenes. Nadie se saldrá con la suya, porque Dios es justo. Si creyera esto el mundo, la cantidad de crímenes bajaría drásticamente, pero el crimen aumenta porque los criminales piensan que pueden salirse con la suya. Pero no podrán salirse con la suya con sus acciones, porque cada acción está registrada en el cielo, y un día se abrirán los libros.

La segunda cosa que Dios ha prometido hacer es no castigar solamente toda maldad, sino desterrar toda maldad y tener un mundo en el que no hay nada malo. Él se lo ha propuesto. Por eso creó este mundo, pero hará otro. Habrá un nuevo cielo y una nueva tierra donde habitará la justicia, y se nos dice eso acerca del nuevo cielo y la nueva tierra. Espero ansiosamente estar en un mundo donde todo está bien y nada está mal.

## El evangelio de justicia

Pero las únicas personas que podrán entrar en ese mundo nuevo son las personas justas, y cuando digo "justas", me refiero a personas perfectas, personas que nunca hacen cosas que están mal y siempre hacen cosas que están bien. No tenemos posibilidades de entrar, ¿no es cierto? A veces la gente me dice —y no puedo evitar reírme—: "¿Por qué Dios no se deshace ahora mismo de toda la gente malvada que existe en el mundo? ¡Entonces el resto de nosotros podríamos vivir tranquilos y en paz!". ¡Hay un defecto en ese argumento! Es increíble cuántas personas consideran que todos los demás están arruinando el mundo, y no ellas. Una encuesta en los Estados Unidos encontró que el 70% de las personas creen que van al cielo, ¡y el 70% creían conocer a alguien que iba al infierno! Nuevamente, ¡las cifras no cuadran! La verdad es que lo que he escrito hasta aquí lo condena a usted. Si el cielo nuevo y la tierra nueva son solo para personas justas, para personas perfectas, ninguno de nosotros podría jamás lograrlo, por más que intentáramos. Y cuando intentamos ser justos, terminamos peor que cuando comenzamos, porque comenzamos a sentirnos orgullosos de ser justos y comenzamos a considerarnos mejores que los demás ("Te agradezco que no soy como los otros hombres"), y no podemos estar orgullosos de nuestra propia bondad sin menospreciar a los que no son tan buenos. El orgullo y el desprecio son dos lados de la misma moneda.

Entonces, ¿hay esperanza? Sí. Hay un evangelio, hay buenas nuevas, pero ¿qué es ese evangelio? O, en otras palabras, ¿qué ofrece el evangelio? ¿Qué ofrece el cristianismo a las personas que no pueden encontrar en ningún otro lado? Se asombraría de cuántas respuestas distintas da la gente. "Bueno, te da un propósito en la vida," "te da paz mental", "te da una consciencia limpia", "te mantiene sano, rico" y, frecuentemente "te salva de ir al infierno", ¡como si el evangelio fuera una escalera de incendios! Ninguna de esas frases es la respuesta del Nuevo Testamento. Son todos subproductos del evangelio. Es posible que quien responda al evangelio encuentre paz y propósito. Eso no es lo que ofrece el evangelio. ¿Qué ofrece el evangelio? No ofrece un Dios que nos ama. Ni Jesús ni los apóstoles predicaron jamás un evangelio del amor de Dios. Verifíquelo. Entonces, ¿qué ofrece el evangelio? Estas son palabras del apóstol Pablo:

*No me avergüenzo del evangelio, pues es poder de Dios para la salvación de todos los que siguen creyendo: de los judíos primeramente, pero también de los gentiles. De hecho, en el evangelio se revela la justicia que proviene de Dios, una justicia que es por fe de principio a fin, tal como está escrito: "El justo vivirá por la fe".*

No hay una sola palabra sobre el amor de Dios, pero tres veces hay una oferta de justicia, no la justicia que *es de* Dios, sino la justicia que *viene de* Dios. Nunca lo lograremos, jamás seremos suficientemente justos como para vivir en un cielo nuevo y una tierra nueva justa, pero Dios está ofreciéndonos su justicia. Dice: "Nunca tendrás suficiente propia. Prueba con la mía". Es una oferta increíble, ¿verdad?

Lo hace en dos etapas, en dos fases. La etapa número uno es la **justicia imputada** y etapa número dos es la **justicia impartida.** En la primera etapa nos trata como si ya fuéramos justos y nos llama santos. Lo llamamos **justificación por la fe**. Después de haber hecho eso y haber restaurado una relación con él, nos imparte su justicia. Lo primero lo hace a través de Jesucristo y lo segunda a través del Espíritu Santo. Por eso, cuando somos salvos necesitamos tanto de la segunda como de la tercera persona de la Trinidad. Hay personas que creen que solamente necesitamos a Jesús para la salvación, pero no es así. Si deseamos terminar en un universo justo, necesitamos el Espíritu Santo además de Jesucristo. La primera etapa (justicia impartida) corresponde al perdón, cuando Dios borra nuestro pasado. Si Dios perdonara el pecado sin ninguna condición, sería injusto de su parte. Seria inmoral que un Dios justo pase por alto el pecado que hay en nuestra vida; se estaría engañando no solamente a sí mismo, sino a nosotros al decir que ya somos santos, que somos personas santas. Sin embargo, es lo que hace. Sin embargo, no existe tal cosa como el perdón *incondicional*. De nuevo, ese adjetivo sería completamente inapropiado. Estaría mal que un Dios bueno y justo perdone al pecado, a menos que se cumplan dos condiciones. Primero, esos pecados ya han sido pagados. Esto es el meollo del evangelio: que Jesús ha pagado. Por eso no puede haber perdón sin la cruz; por eso todo acto de perdón está escrito con la sangre de Jesús. Ese fue el precio de nuestro perdón, y es por esa razón que tomamos el pan y el vino regularmente, para recordarnos lo que costó.

Pero hay otra condición. Fue la condición que tuvo que cumplir Dios, y la ha cumplido. "Así, de la misma manera, amó Dios al mundo, que dio una vez a su Hijo unigénito". Ese es el costo. Pero la otra condición está de nuestro lado, y es que nos **arrepintamos**. Sería completamente inmoral por parte de Dios perdonarnos sin nuestro arrepentimiento. El arrepentimiento es algo que hacemos, es un cambio de estilo de vida. Hoy en día el arrepentimiento prácticamente ha desaparecido, porque si solo hablamos del amor de Dios y decimos: "solo necesitas aceptar el amor de Dios por ti", el arrepentimiento sale por la ventana. Pero esto era lo primero que decía Juan el Bautista que hiciera la gente, lo que Jesús decía a la gente que hiciera, lo que Pedro decía a la gente que hiciera, lo que Pablo decía a la gente que hiciera. Estoy seguro de que conoce el pasaje donde Pablo dijo: "No fui desobediente a esa visión celestial", pero ¿puede completarlo? Me temo que encuentro muy pocos creyentes que pueden hacerlo, y nunca escuché a un predicador predicar lo que sigue. Pablo sigue diciendo: "a todos les prediqué que se arrepintieran y se convirtieran a Dios, y que demostraran su arrepentimiento con sus buenas obras".

¿Por qué nunca escuché predicar esto? Porque hoy no se nos llama a arrepentirnos primero. Significa que no podemos acercarnos a Dios tal como estamos; debemos cambiar primero. Arrepentirse es "lamentarlo lo suficiente como para dejar de hacerlo".

Permíteme contarle dos historias. Primero, estaba predicando en un teatro en Escocia durante tres noches de evangelización. En la segunda noche, una joven se me acercó al final. Estaba temblando, llorando y con la cara enrojecida. Y estaba molesta. Me dijo: "Sr. Pawson, usted me frustra".

Le respondí: "¿Cómo te he frustrado?".

"Ha hecho que quiera ser cristiana".

Le dije: "Es por esa razón precisa que vine a Aberdeen. ¿Qué tiene de frustrante?".

Me respondió: "He intentado ser cristiana por dieciocho meses. He pasado al frente en cada reunión evangelística, he recibido consejo, he seguido clases. Nada ha pasado, nada ha cambiado y llegué a la conclusión de que este cristianismo no tiene nada que ofrecer. Una amiga me trajo aquí hoy y usted me ha hecho querer hacerlo todo de nuevo. Lo he intentado, pero no funciona".

La miré a los ojos y le pregunté: "¿Con quién vives?".

"Con un joven", me dijo.

Entonces le pregunté: "Y estás casado con él?"

"No".

"Estás viviendo con él como si estuvieran casados?".

"Sí".

"¿Por qué no están casados?".

"Él no cree en el matrimonio. Dice que con tal que nos amemos, nada más importa".

Le dije: "Entonces, si mañana te deja, no habrá roto ninguna promesa, porque no ha hecho ninguna".

Ella dijo: "Él no me va a dejar mañana. Me ama demasiado".

Le dije: "Lo lamento mucho, pero tienes que tomar una decisión muy difícil, y no la puedo tomar por ti. Tienes que decidir con qué hombre quieres vivir, con este joven o con Jesús, porque no puedes vivir con ambos".

Se enojó mucho conmigo. Dijo: "Nadie más me

ha dicho eso".

Dije: "Pero nadie más ha podido ayudarte, y yo estoy intentando hacerlo".

Me encantaría decirle que se convirtió ese momento, pero no ocurrió. Salió corriendo del teatro, llorando a lágrima viva. Yo me sentí exactamente como se sintió Jesús cuando el joven rico se fue triste. Jesús lo hizo escoger: tu dinero o yo.

Se llama arrepentimiento. Muy pocos predicadores y evangelistas predican el arrepentimiento hoy.

La otra historia es acerca de Paul, un joven que tenía una motocicleta grande con enormes manillares y espejos que sobresalían como un puercoespín, si me entiende. Vino a la puerta de mi casa y tocó el timbre. Le dije: "¿Qué necesitas, Paul?".

"Quiero hablar", dijo. Estaba vestido con una chaqueta de cuero, salpicado de tachones de latón. Entró a mi casa y se acomodó en el sofá, que quedó marcado.

Dije: "¿De qué quieres hablar, Paul?".

"Quiero bautizarme".

Le pregunté: "¿Sabes cómo bautizamos a las personas aquí?".

"Sí, las meten en el agua".

"¿Así que quieres que te meta en el agua?".

"Sí".

"Paul", dije, "¿sabes el significado de la palabra 'arrepentirse'?".

"No".

Dije: "Vuelve a casa y pregúntale a Jesús: '¿Hay algo en mi vida que no te gusta?'. Deshazte de ello y vuelve".

Tres semanas más tarde oí esa motocicleta y ahí estaba Paul a la puerta de mi casa. Le dije: "Bien, Paul,

¿qué ocurre?".

Extendió sus manos y dijo: "Ahí está".

"¿A qué te refieres?".

"Ahí".

Pregunté de nuevo: "¿Qué ocurre?".

Me dijo: "He dejado de comerme las uñas".

Podrá reírse, pero él estaba produciendo más evidencia de arrepentimiento que muchas personas que se bautizan, y era sincero. Me estaba demostrando exactamente lo que dijo Pablo, demostrando su arrepentimiento con hechos, así que lo bautizamos y nunca miró atrás.

El arrepentimiento es el primer paso dentro del reino, el primer paso para volverse cristiano. Significa dar la espalda a nuestra vida anterior. Significa cambiar nuestro estilo de vida. Puede significar salirse de relaciones equivocadas; puede significar muchas cosas diferentes, y el Espíritu Santo nos dirá exactamente lo que significa. Pero solo decir a la gente que Dios los ama no lleva a eso. Decir que Dios es justo y que un día tratará toda la maldad que hay en el mundo, sí.

El evangelio es una oferta, pero no solo de perdón, porque eso solo es el comienzo. Es una oferta de justicia; es una oferta de convertir a personas malas en personas buenas, pecadores en santos.

Me invitaron a predicar en el templo de The Strand en un encuentro de jueces, abogados y procuradores de Londres. El púlpito era como un banquillo de acusados y, mirándolos a todos desde arriba, me parecía que todos tenían pelucas; no las tenían, pero así parecía. Lord Denning leyó la lección. Parado en el banquillo, se me ocurrió intentar un poco de humor. ¡Fatal! El templo es un edificio redondo con una acústica terrible.

Uno puede oír lo que dice cinco o seis veces. Comencé diciendo, "¡Me han dicho que los agnósticos [en inglés la palabra "agnóstico" suena parecido a "acústica"] en este edificio son terribles!". ¡Nadie sonrió! Después alguien me tomó a un lado y me dijo que era el chiste favorito del Lord Denning. Así que salió mal.

¿Sobre qué tema prediqué? Prediqué sobre Romanos capítulo 8, donde Pablo dice: " lo que la ley no pudo hacer... Dios sí". Dije a todos esos abogados: "Voy a hablar acerca de algo que ustedes no pueden hacer". Osado, ¿verdad? Pero continué: "Ustedes pueden castigar al malhechor, pueden incluso desanimar a otros malhechores con su castigo, pero lo que no pueden hacer es convertir a una persona mala en una persona buena. Eso es lo hace el evangelio".

He predicado en prisiones de alta seguridad en Gran Bretaña a asesinos y narcotraficantes con cadena perpetua. Podría llevarlo a una prisión donde un ala entera ha sido completamente transformada por el evangelio de justicia. Estos hombres una vez malos son ahora hombres buenos. Tiraron abajo las paredes de las celdas para que puedan vivir como una hermandad, y los oficiales que venían de a tres por razones de seguridad, podían entrar solos, llamar a la puerta de la celda, y los prisioneros les decían: "Entre, prepárese un café y le leeremos una porción de la Biblia".

El director casi no podía creer lo que ha sucedido a todos los hombres de esa ala. ¡Toda un ala llena de hombres buenos! Ese es el poder del evangelio.

Debemos saber que la injusticia no es problema para Dios. Si un hombre se arrepiente de su injusticia, Dios puede obrar maravillas. Lo tratará como un santo de ahí en adelante, y lo convertirá en un santo. ¿Se da cuenta de que la cruz fue una sustitución doble? Se lo predica, en muchos sentidos, como una sustitución única: él se convirtió en pecado por nosotros, fue nuestro sustituto y fue castigado por lo que habíamos hecho. Pero fue una sustitución doble. Escuche la Biblia: "Al que no cometió pecado alguno, por nosotros Dios lo trató como pecador, para que en él recibiéramos la justicia de Dios". Es un intercambio doble: **le damos nuestros pecados y tomamos su justicia.** No parece un intercambio justo, pero es bueno. Muchos quieren que Jesús quite sus pecados, pero no quieren tomar su justicia. Quieren seguir con sus malos hábitos, seguir con esos pecados que los acosan, quieren conservar un poquito de injusticia.

¿Leyó los libros *Just William* de Richmal Crompton? ¿Leyó el libro en que William se convierte? Alguien predica en su Escuela Dominical y decide que será un cristiano. Piensa que ya es hora de dar vuelta la página de todas las travesuras que había hecho. Así que decide que lo hará el martes, y dedicará el lunes a hacer todas las cosas malas que siempre había deseado hacer porque, después de todo, ¡sería un santo el martes! El lunes pinta de verde el gato, rompe todas las ventanas del invernadero y hace todo lo que siempre había querido hacer. Regresa a casa en la noche pensando: va a ser un día increíble mañana. Va a ser un santo, un niño bueno de por vida. Justo cuando está a punto de dormir se acuerda de que había una cosa más que había olvidado hacer, y luego se acuerda de otra, y se puede imaginar el resto de la historia. Nunca se convierte realmente, porque nunca se arrepiente realmente. La injusticia para Dios no es ningún problema, **siempre y cuando haya arrepentimiento verdadero.**

Pero la cosa acerca de la cual Dios no puede hacer nada es algo que abunda dentro de la iglesia, además de afuera, que es la justicia propia. Dios no puede hacer nada con personas santurronas que piensan que son buenas, que piensan que son mejores que otras, pero que no se acercan a los estándares de Dios. No se dan cuenta, porque siempre se están midiendo con otros, con los vecinos, con la gente de su cuadra. Mientras nos comparemos con otros, pensaremos que somos justos, y eso se llama **autojustificación**. Fui que cortarme el pelo y pensé que era hora de hablar con el peluquero. Mientras me cortaba el pelo, dijo, de la nada: "Soy tan bueno como cualquiera que va a su iglesia".

Le dije: "No creo que puedas decir eso hasta conocerlos mejor. Puede que tengas razón, pero eso no te va a ayudar".

"¿Por qué no?".

"¿Eres tan bueno como Jesús?", le respondí.

La conversación paró y no dijo nada, luego dijo, "Tal vez no tanto". Era la primera vez que se veía tal como era. Era un hombre que se autojustificaba porque pensaba que era bueno con respecto a los demás. Eso es lo que hace muchísima gente.

Una vez prediqué en la Liga de Mujeres Bautistas. No es lo mío, ¡y me sentía como un león en una fosa de Danieles! Pero fui. Una señora voluminosa que era la presidenta —creo que tenía un abrigo de piel— se me acercó y me dijo: "¿De qué va a hablar?".

"La gracia", respondí.

"Oh", dijo, "parece bueno".

Entonces me paré frente a todas esas mujeres (algunas estaban tejiendo) y dije: "Quiero decir solo dos cosas sobre la gracia. Primero: sus malas obras no tienen que impedir que lleguen al cielo". Les gustó eso, y respondieron con sonrisas. Luego dije: "La segunda cosa acerca de la gracia es que sus buenas obras no las ayudarán a llegar". Los rostros se demudaron. La presidenta se me acercó después, totalmente indignada. Me dijo: "¿Me está diciendo que todas las cosas buenas que he hecho han sido un desperdicio?".

Le dije: "No, no fueron un desperdicio para otras personas, pero no la ayudarán a usted". Una de las partes más difíciles del arrepentimiento es arrepentirnos de nuestras buenas obras. Es mucho más difícil que arrepentirnos de las malas obras. Arrepentirnos de la justicia propia, que a Dios le ofende mucho más que nuestra injusticia.

La Biblia dice algunas cosas muy duras y crudas acerca de la justicia propia. Le daré dos. Perdone mi vocabulario, pero está en el hebreo y el griego original. Isaías dice que nuestra justicia, para Dios, es como un paño menstrual usado. No es algo del cual uno está orgulloso o muestra o se jacta ante otros. Es lo que Isaías dijo a las mujeres de Jerusalén. Pablo se consideraba justo, con justicia propia, un fariseo que guardaba todos los mandamientos. Consideraba que su "justicia" legalista era como excremento a fin de ganar a Cristo. Utilizó una palabra griega burda que equivale a eso exactamente. Nuestras Biblias dicen "estiércol" o "basura", pero no es lo que dice. Su enseñanza nos dice que si uno se autojustifica es como si un niño fuera a Dios con un orinal con lo que acaba de hacer y dice: "Mira lo que he hecho". Para Dios es así de repugnante. La autojustificación está manteniendo fuera del reino a más personas que cualquier injusticia, ya que es muy difícil arrepentirse de eso, y es muy difícil reconocer que necesitamos su perdón.

Creo que estamos destruyendo nuestra causa al echar "perlas" a los "cerdos", diciendo "Dios te ama" a personas que jamás han sido ni redimidas ni perdonadas. Me asombró leer un informe indicando que esta es una de las cinco razones que está haciendo que la iglesia pierda respeto. Pero, claro, si decimos: "Dios te ama, no importa lo que hagas", ¿por qué preocuparse, por qué arrepentirse, por qué ir a la iglesia, por qué leer la Biblia, por qué intentar siquiera ser justo? Si Dios me ama incondicionalmente, está bien. La idea se pasa a ser: "Nunca me enviará al infierno porque su amor es incondicional". Considero que nos estamos haciendo un daño. Regresemos a Jesús y a los apóstoles. Ellos predicaron **un evangelio de justicia**. Predicaron la ira de Dios junto con su amor. Pablo, en Romanos capítulo 1, habló directamente de la ira de Dios, el principio de su juicio. La ira de Dios está sobre este país de manera muy visible. Digámosles cómo es Dios realmente: absolutamente justo, absolutamente bueno, nunca puede hacer algo malo, y un día castigará y desterrará toda maldad del universo. Esa es una buena noticia.

## Oración

Padre justo, gracias por mostrarnos como eres realmente. Gracias porque nadie puede cambiarte, nadie puede influenciarte. Tú eres Dios, estás sobre nosotros, eres más grande que cualquiera de nosotros. Oramos para que nos des tal entendimiento de ti, tal conocimiento de ti como realmente eres, que podamos llegar a nuestras comunidades y podamos comunicar la verdad. Que podamos mostrarles tu amor, y podamos hablarles de tu justicia. Gracias porque puedes convertir personas malas en personas buenas, pecadores en santos, y esa es la buena noticia. Así que a ti sea la gloria, la alabanza y el honor por siempre jamás. *Amén*.

www.ingramcontent.com/pod-product-compliance
Ingram Content Group UK Ltd.
Pitfield, Milton Keynes, MK11 3LW, UK
UKHW022211230426
12048UKWH00016BA/781